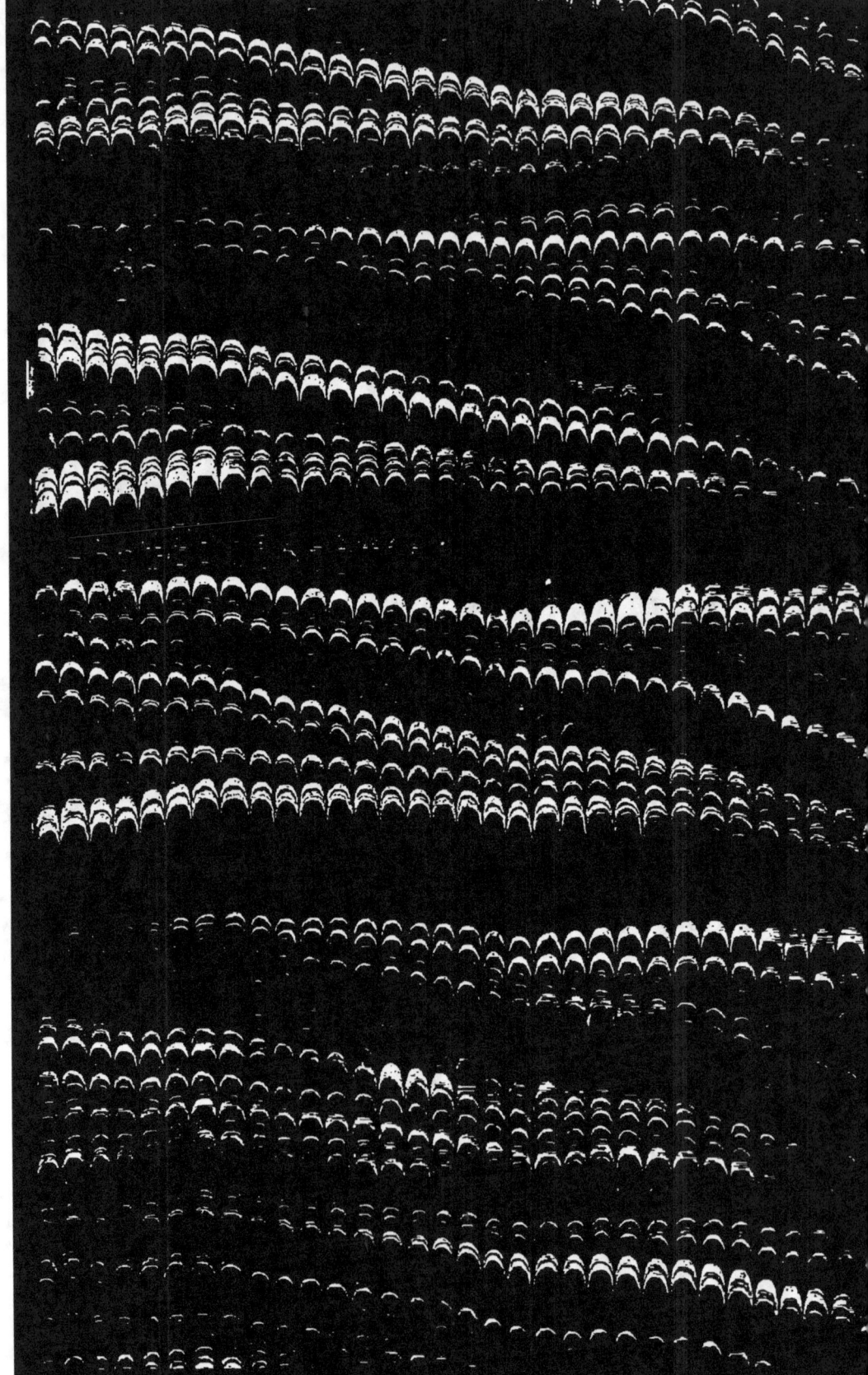

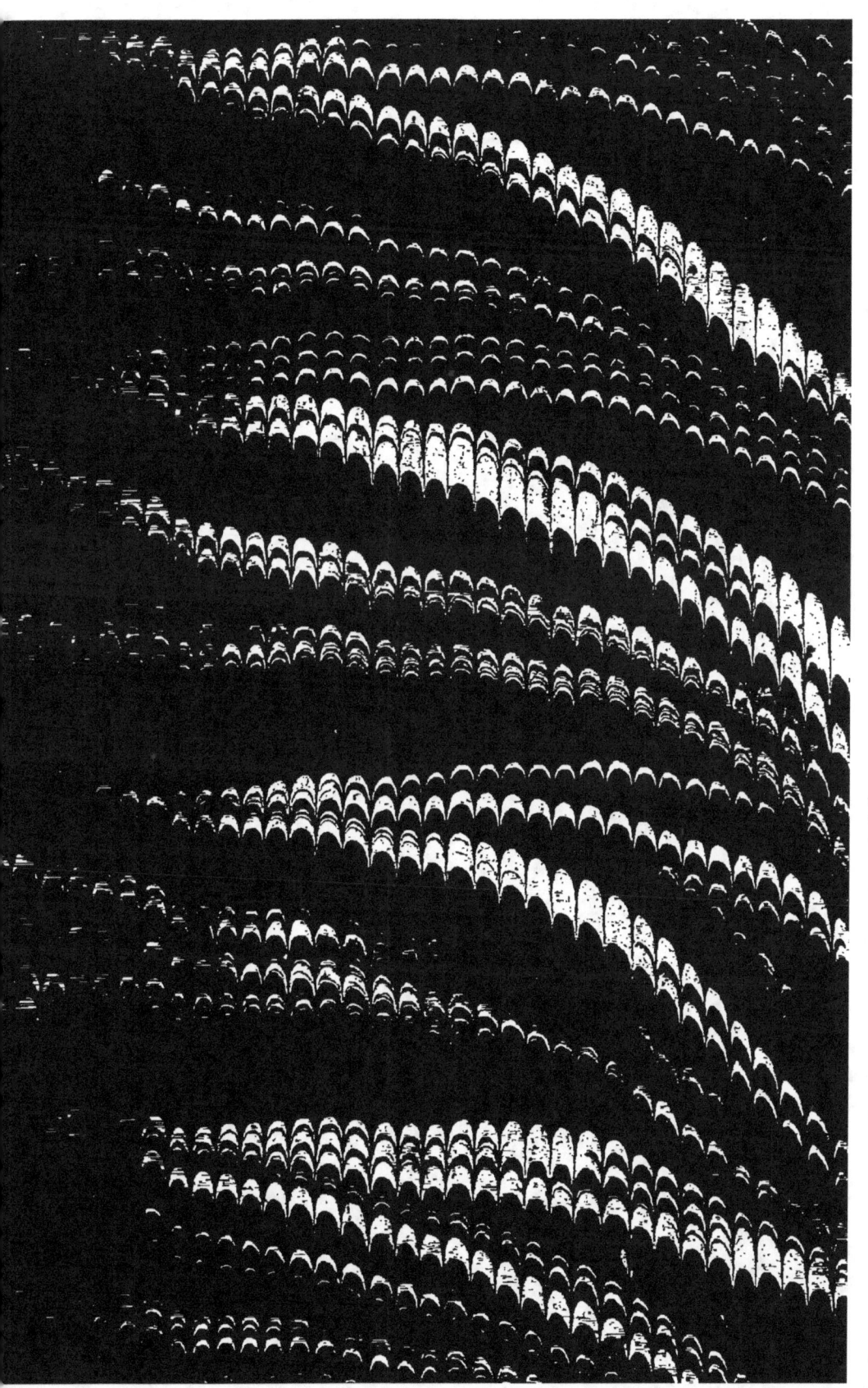

NOTICE

SUR LES

PEINTURES DÉCORATIVES

DE

PAUL BAUDRY

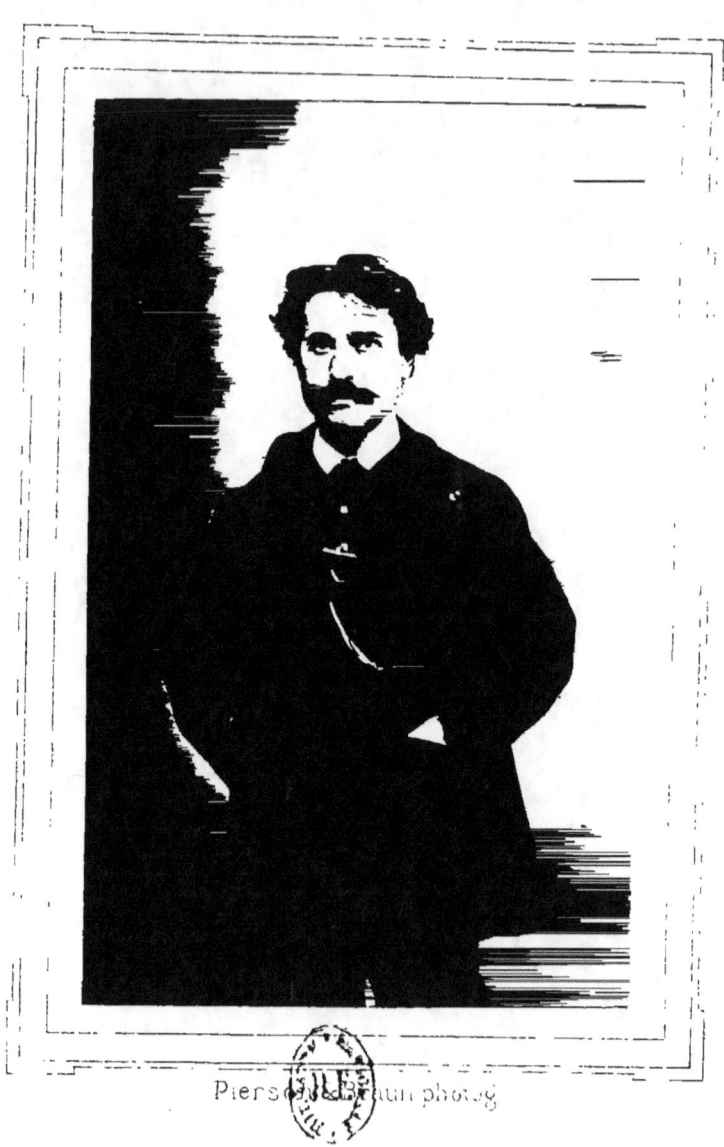

Pierson Braun photog.

P. BAUDRY.

Photog'ravure Lemercier et C'° à Paris

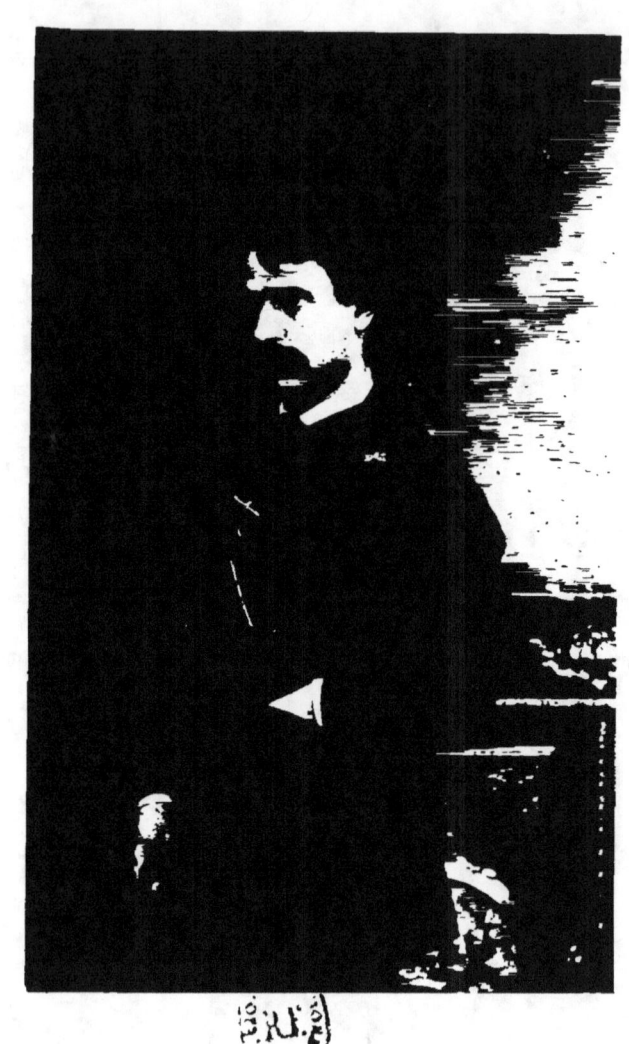

COMITÉ
DE L'ASSOCIATION
DES ARTISTES

PEINTRES, SCULPTEURS, ARCHITECTES, GRAVEURS ET DESSINATEURS

PEINTURES DÉCORATIVES

EXÉCUTÉES POUR LE FOYER PUBLIC

DE

L'OPÉRA

PAR

PAUL BAUDRY

de l'Institut

EXPOSÉES

A L'ÉCOLE NATIONALE DES BEAUX-ARTS

Quai Malaquais

NOTICE

PAR

E. ABOUT

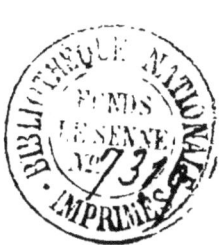

PARIS

SE VEND AU PROFIT DE L'ASSOCIATION

Rue de Bondy, 63

—

1874

L'Ensemble

L'ENSEMBLE

—

Un théâtre d'opéra, pour les gens de plaisir qui le fréquentent, et pour les fanatiques qui l'exorcisent de loin, n'est guère autre chose qu'un lieu de digestion sensuelle. Pour l'artiste nourri des traditions antiques, c'est un temple consacré à toute la famille des arts. Un peintre d'histoire, appelé au périlleux honneur de décorer le foyer du nouvel Opéra, ne pouvait oublier que les Grecs, nos maîtres en tout, ont divinisé la Poésie, la Musique et la Beauté. Apollon

et Vénus, les Muses et les Grâces vi-
vront éternellement pour ennoblir et
charmer notre courte existence ; c'est
sous leurs auspices que l'homme,
par un suprême effort, a su condenser
dans une fête de quelques heures les
enchantements de l'esprit, des yeux
et des oreilles. Nous sommes au
rendez-vous des plus nobles et des
plus gracieux Génies : l'architecture,
la statuaire et la peinture ont con-
struit et décoré le théâtre ; la poésie,
la musique et la danse l'animent ;
elles y font circuler un courant de vie
artificielle, intense et quelque peu
surhumaine.

Le programme offert au décorateur
embrasse tous les arts, depuis leur
origine jusqu'à nos jours. Tous sont
de son domaine ; mais il ne doit point

oublier qu'il habite un théâtre, et spécialement un théâtre de musique.

Son esprit s'élève d'abord vers les sources divines de l'art; il va droit au Parnasse, et, dans une vaste composition, il réunit autour d'Apollon les Grâces, les Muses et jusqu'aux demi-dieux de la musique moderne.

Pour compléter l'expression de sa pensée, il oppose au Parnasse une autre toile d'égale grandeur où les poètes de l'antiquité se groupent autour d'Homère, avec les peintres et les sculpteurs qu'ils ont inspirés, les types héroïques qu'ils ont immortalisés, et les hommes primitifs qu'ils ont civilisés.

La Musique plane sur tout l'ensemble de la décoration dans le pla-

1.

fond central où l'on a symbolisé l'union de la Mélodie et de l'Harmonie entre la Poésie et la Gloire. L'idée dramatique apparaît dans deux plafonds secondaires dont l'un figure la Tragédie et l'autre la Comédie.

La conception du peintre se développe et se précise dans dix grandes compositions qui tournent autour des voussures et qui expriment les caractères et les effets de la Musique et de la Danse. La Musique triomphe de la douleur, elle calme la folie dans le tableau de *David* charmant *Saül*. Elle a raison de la Mort elle-même dans le drame d'*Orphée* et d'*Eurydice*. L'art naïf des bergers vit dans une scène inspirée des idylles de Théocrite et des églogues de Virgile. Dans l'**Assaut,** la Musique guerrière conduit les hommes à la victoire. Le rêve de **sainte Cécile** représente l'art sacré, qui a forcé depuis un certain temps les portes du théâtre. Ce sujet s'imposait à l'artiste; mais, condamné pour ainsi dire à peindre une sainte chrétienne dans un lieu profane, il a pensé qu'il serait de bon goût de lui fermer les yeux. Un esprit élevé, grave et quelque peu mélancolique, ne pouvait guère interpréter la Danse à la pleine satisfaction des abonnés de l'orchestre. Le peintre a représenté la Danse virile des **Corybantes** et des Curètes autour du berceau de Jupiter; la Danse échevelée des **Ménades** autour du cadavre d'Orphée, et la danse fatale, meurtrière, impie de **Salomé** devant Hérode. Le triomphe de la beauté, but suprême et dernière fin de tous les arts, est figuré par le *Jugement de Pâris.* Enfin, la supériorité de l'art idéal sur le réalisme grossier éclate dans l'antique symbole d'Apollon, vainqueur de Marsyas.

Les intervalles de ces compositions sont occupés par huit grandes figures détachées, dont chacune représente une muse. Les filles de Jupiter et de Mnémosyne sont là chez elles ; elles nous font les honneurs de la maison. Le peintre ne pouvait en placer plus de huit ; il a éliminé Polymnie, la plus philosophe de toutes.

Il lui restait à remplir dix médaillons au-dessus des portes ; il y a mis

dix groupes d'enfants, de stature héroïque, qui représentent la musique
instrumentale des peuples anciens
et modernes. Cette série débute par
le sistre des Pharaons pour finir au
clairon de nos soldats.

Les Plafonds

1

LA MÉLODIE & L'HARMONIE

—

H., 4^m,30. L., 13^m,45.

Au milieu du grand plafond central, la Mélodie et l'Harmonie enlacées s'élèvent ensemble dans le ciel.

La Mélodie en robe verte, couronnée de liserons, fleurs éphémères, chante comme l'alouette. Sa sœur inséparable, et qui ne serait rien sans elle, l'accompagne sur le plus harmonique des instruments, le violon.

A gauche du tableau, plane la Gloire, drapée de rouge; elle élève au-dessus de sa téte une couronne de lauriers et porte dans l'autre main la trompette héroïque.

A droite, la Poésie, vêtue de pourpre et couronnée d'or, est emportée au vol impétueux de Pégase.

Autour d'une balustrade, qui relie le tableau à l'architecture de la salle, des génies adolescents se jouent parmi les eaux jaillissantes, les oiseaux et les fleurs.

2

LA TRAGÉDIE

—

H., 5ᵐ,75. L., 4ᵐ,20.

Melpomène, assise sur le trépied sacré des Pythies, le glaive en main, se détache impassible sur un ciel d'orage déchiré par les éclairs. A ses pieds, l'aigle, oiseau de sang, étend ses ailes sur le globe terrestre. A droite, l'Épouvante en draperie violet pâle. A gauche, la Pitié suppliante, vêtue de deuil. La Fureur, armée de la torche et du poignard, tombe comme un aérolithe.

3

LA COMÉDIE

—

H., 5ᵐ,75. L., 4ᵐ,20.

Dans un ciel brillant et joyeux, Thalie, en robe blanche rehaussée d'or, brandit une poignée de verges dans sa main droite et, de la gauche, précipite un faune grotesque en lui arrachant la peau de lion dont il s'était affublé.

L'Esprit, vêtu de rouge, la flamme au front, lance son trait; l'Amour s'envole en riant.

LES YOUSSURES

N. B. — Ces douze grandes toiles sont destinées à couvrir des surfaces courbes. Les exigences de la perspective ont obligé l'artiste à quelques anamorphoses. Il a dû allonger certaines figures des premiers plans, qui reprendront en place leurs proportions normales.

4

LE PARNASSE

—

H., 4^m,10. L., 9^m,60.

Au centre de la composition, Apollon,
Dieu de la lumière et de la poésie, descend
de son char étincelant dont les coursiers
sont retenus par la main des Heures. Sur
sa tête, vole Éros, le souffle créateur, le
maître tout-puissant de l'air, de la terre et
des eaux, armé de l'arc qui frappe et du
flambeau qui éclaire.

A droite d'Apollon, le peintre a groupé
les Grâces qui lui présentent la lyre et le
plectre d'ivoire; Clio, portant la trompette
héroïque, et appelant les grands maîtres de

la musique moderne; Melpomène en robe rouge, vêtue d'un costume étrange mais consacré, et telle qu'on la voit sculptée sur le sarcophage du Louvre, le masque relevé sur la tête, la main droite sur la hanche, la gauche appuyée sur la massue d'Hercule. Érato, la poésie amoureuse, dans une attitude qui exprime la langueur, s'entretient avec Mozart. Mercure, conducteur des ombres, amène quelques-uns de nos contemporains les plus illustres : Meyerbeer, Rossini, Hérold, Auber, Boïeldieu, Méhul; derrière Mozart, dans l'angle du tableau, on aperçoit Beethoven, Gluck, Haydn, Rameau, Lulli.

De l'autre côté, Thalie reconnaissable au pédum et au masque comique, se dirige vers Apollon. Calliope appuie familièrement la tête sur l'épaule de sa sœur; Euterpe, en peplum rose, la double flûte à la main, avertit Uranie de la présence du Dieu. Terpsichore, en robe verte, chaussée du brodequin blanc, a la main droite dans ses cheveux et la gauche appuyée sur sa lyre. Polymnie, en palla violette, est songeuse sous les lauriers.

Le premier plan représente Hippocrène, la source poétique, couronnée de roseaux, le bras appuyé sur son urne féconde. Autour d'elle, plusieurs génies dont l'un joue avec un cygne (souvenir de Mantoue), l'autre emplit une coupe, un autre tresse des couronnes, un quatrième est assis auprès d'un flambeau.

Dans l'angle de droite, l'artiste s'est peint lui-même avec son ami Charles Garnier, et son frère, Ambroise Baudry, architecte attaché durant plusieurs années aux travaux de l'Opéra.

5

LES POÈTES

—

H., 4ᵐ,10. L., 9ᵐ,60.

La scène se développe sur les marches d'un temple dorique en construction. Le premier édifice consacré aux Dieux est le berceau de la Poésie, qui se confond avec la Religion dans les origines de la Grèce. Ces hommes divins, qu'on admire sous les noms de poètes, ont été des prophètes en leur temps, *vates*.

Au milieu du tableau, Homère aveugle, appuyé sur un sceptre comme les vieillards athéniens de la frise du Parthénon, tient un volume dans la main droite. La Poésie, déployant de vastes ailes bleues, plane sur l'immortel vieillard et porte sa lyre. A la droite d'Homère, Pindare et un vainqueur des Jeux Néméens, chargé du trépied agonal, symbolisent l'union de la poésie héroïque et de la beauté plastique. Le sculpteur Polyclète tient son marteau de la main droite et porte sur le bras gauche une esquisse de Minerve. Sur le premier plan, le guerrier aux belles cnémides, Achille, armé de toutes pièces, brandissant son épée et sa javeline, ouvre la voie à toute la civilisation européenne. A la gauche d'Homère, Polygnote, en chlamyde verte, représente la Peinture; Platon, en rouge, la Poésie, et Jason, la Navigation. Un athlète a laissé tomber son sac de sable, sa fiole d'huile *(ampolla)* et son strigile, pour arrêter un cheval vainqueur dans l'Hippodrome.

Les deux côtés de la toile sont remplis par les groupes d'Hésiode et d'Orphée.

A la droite du spectateur, Orphée, semblable à un jeune Christ païen, marche comme illuminé, dans les splendeurs de l'aurore, vers les hommes grossiers qui peuplent les antres et les forêts. Les colombes se posent sur sa lyre, un lion se traîne à ses pieds. Dans l'angle de la toile, une famille primitive, groupée autour du feu que le fils de Japet, Prométhée, a dérobé aux Dieux pour le donner aux hommes, représente la barbarie de Dodone, l'âge de la pierre et du gland.

Sur les marches du temple, à gauche, l'artiste a placé Hésiode, le poète des Travaux et des Jours. Trois laboureurs, types rustiques, domptent des bœufs et les soumettent au joug. Ils sont nus, conformément au précepte du vieux maître : « Sois nu

quand tu laboures, nu quand tu sèmes, et
nu quand tu moissonnes. » Amphion se
tient derrière Hésiode ; devant lui, dans
l'angle du tableau, un architecte mesure un
bloc de marbre, et un mineur se repose, le
pic à la main. Deux accessoires importants,
le joug, cher à Cérès, et le mors, présent de
Neptune, symbolisent les premiers progrès
de la civilisation hellénique.

6

LE JUGEMENT DE PÂRIS

—

H., 3ᵐ,90. L., 4ᵐ,35.

Mercure a conduit les déesses au fils de Priam, sur l'Ida. Le jeune berger phrygien prête l'oreille aux paroles de Vénus qui lui promet l'amour de la plus belle des femmes. Pallas reprend ses vêtements sans s'émouvoir de sa défaite. Junon, moins résignée, se retourne vers Pàris avec un geste de menace. L'amour la raille et la défie. La Victoire s'apprête à couronner Vénus.

7

MARSYAS

—

H., 3ᵐ,90. L., 4ᵐ,35.

Le Phrygien qui n'a pas craint de défier
Apollon vient d'être vaincu; sa flûte gros-
sière est brisée; Apollon le fait attacher à
un arbre, et les Scythes, qui ont été les juges
du combat, aiguisent les instruments du
supplice.

8

L'ASSAUT

—

H., 3ᵐ,90. L., 4ᵐ,35.

Au premier plan, un groupe de clairons
sonne la charge. Les combattants, enivrés
de fureur, s'élancent à l'assaut d'un retran-
chement. Autour du vieux chef qui anime
ses soldats, les étendards flottent au vent
et les chevaux se cabrent. Bellone, dans le
ciel, chante un de ces chants patriotiques
qui, depuis Tyrtée jusqu'à Rouget de l'Isle,
ont entraîné les hommes à la victoire.

9

LES BERGERS

—

H., 3ᵐ,90. L., 4ᵐ,35.

Dans un frais paysage de la Sicile,
quelques bergers se reposent à l'ombre des
grands arbres. Des jeunes gens se disputent
le prix de la flûte; l'un joue de la syrinx,
l'autre, debout, attend son tour : *amant
alterna camœnœ.* Les enjeux reposent à
leurs pieds : c'est un chevreau blanc et une
coupe de hêtre. A droite du tableau, une
jeune femme trait une brebis pour offrir une
libation aux Dieux. Dans le fond, à gauche,
un vieux pasteur garde son troupeau en
soufflant dans la cornemuse.

10

SAÜL ET DAVID

—

H., 3ᵐ,90. L., 4ᵐ,35.

Par une claire nuit d'Orient, le vieux roi malade et farouche a tressailli sous sa tente; il est comme attiré hors de son lit par la harpe de David. Il ne tardera point à s'apaiser, car « toutes les fois que David prenait sa harpe et en jouait, Saül était soulagé et se trouvait mieux; l'esprit malin se retirait de lui. » (Rois, I, xvi, 23). Cependant Michol, fiancée du jeune hébreu, et Jonathas, son ami, craignent pour lui la fureur de leur père. L'une le regarde avec effroi, l'autre lui fait signe de s'enfuir. Au second plan, sous les palmiers éclairés par la lune, on voit les sentinelles qui gardent le camp.

~~~~~~~~

11

LE RÊVE DE SAINTE CÉCILE

—

H., 3m,90. L., 4m,35.

Aux douces lumières d'une nuit étoilée, sainte Cécile, jeune patricienne, s'est endormie sur une terrasse de son palais. Des anges éclatants de lumière lui donnent, par leurs chants et leurs accords, un avant-goût de la musique céleste. Les instruments de l'art moderne sont épars autour du lit de repos.

~~~~~~~~

1

ORPHÉE ET EURYDICE

—

H., 3ᵐ,90. L., 4ᵐ,35.

Eurydice, piquée par un serpent, était descendue aux Enfers ; l'amour et le génie d'un poète divin l'en ont arrachée. Orphée a su émouvoir « les déités de là-bas ; » il a fait pleurer les Euménides : Proserpine et Pluton lui ont rendu celle qu'il adore. Mais le poète impatient a enfreint la défense des Dieux ; il n'était pas sorti des vallées de l'Averne qu'il s'est tourné vers Eurydice, et son regard l'a tuée une seconde fois. Mercure la saisit et l'emporte malgré les prières de son époux qui tend les mains vers elle et n'embrasse qu'une ombre *. On voit au second plan Ixion sur sa roue. De pâles ombres accroupies se pressent dans un coin. Au haut de la toile, Sisyphe roule péniblement son rocher. Cerbère hurle à l'entrée de la caverne; on voit passer au loin, dans la brume infernale, la barque de Caron.

---

* Nil nisi cedentes infelix arripit auras.

(OVID. *Mét.*, X, 59).

13

JUPITER ET LES CORYBANTES

—

H., 3ᵐ,90. L., 4ᵐ,35.

Les Corybantes, prêtres de Cybèle, et les
Curètes que l'auteur des Hymnes Orphiques
salue sous le nom de « Dieux vigilants,
sauvages, armés, bondissants et tourbillon-
nants, » entourent le berceau de Jupiter
dans l'île de Crète, et couvrent de leurs
hurlements héroïques les cris du divin en-
fant. Ils dansent au bruit des tympanons,
des tambours et des cymbales, au choc des
épées contre les boucliers. Au milieu de
cette composition tumultueuse, le regard se
repose sur une nymphe pensive, en con-
templation devant le jeune Dieu. Dans le
coin de droite, rumine la chèvre Amalthée.

14

ORPHÉE ET LES MÉNADES

—

H., 3ᵐ,90. L., 4ᵐ,35.

Les nymphes sauvages de Bacchus galo-
paient dans les bois, selon leur habitude, à
la suite des daims et des chevreuils, quand
le hasard a jeté sur leurs pas le malheureux
Orphée. Le poète, traqué, couru, forcé
comme une bête fauve * par cette meute
féminine, vient de rendre son âme aux
Dieux. Les Bacchantes s'acharnent sur
son corps, elles vont le hacher à coups
d'ongles, à coups d'épingles, de faucilles et
de poignards. Tandis qu'on le dépouille,
qu'on le traîne et qu'on le déchire, des
furieuses dansent autour de lui ou ac-

* Ceu matutinâ cervus periturus arenâ
Præda canum est...
(OVIDE, *Mét.*, XI, 26).

courent à la curée ; quelques-unes, entraî-
nées par l'ardeur d'une autre chasse, pour-
suivent le gibier au fond du tableau.

~~~~~~~~

15

SALOMÉ

—

H., 3ᵐ,90. L., 4ᵐ,35.

Dans un riche triclinium, Salomé, presque
nue sous le voile des courtisanes de Cos,
danse devant Hérode en agitant ses crotales.
Une esclave accroupie l'accompagne sur la
cithare. L'incestueuse Hérodiade, assise auprès du Tétrarque, le voit plongé dans une
admiration stupide. Elle a depuis longtemps
une injure à venger ; le moment lui paraît
favorable ; elle appelle le bourreau, lui tend
un plat d'argent et lui commande d'aller
chercher la tête de saint Jean-Baptiste.

~~~~~~~~

LES MUSES

:

16

MELPOMENE

—

H., 3ᵐ,10. L., 1ᵐ.50.

La muse de la Tragédie, assise et pensive, le masque relevé sur sa tête, serre le glaive contre ses genoux.

~~~~~~~~

17

ERATO

—

H., 3ᵐ,10. L., 1ᵐ,50.

La Poésie amoureuse fait le geste éternellement vrai de la jeune fille surprise qui cache un billet dans son sein.

~~~~~~~~

18

CLIO

—

H., 3ᵐ,10. L., 1ᵐ,50.

Elle tient dans sa main la trompette héroïque et laisse tomber sur les tablettes de
l'Histoire un regard triste et fier.

~~~~~~~~

19

URANIE

—

H., 3ᵐ,10. L., 1ᵐ,50.

La muse de l'Astronomie, drapée de bleu
sombre et ceinte d'une écharpe constellée,
lève les yeux vers la voûte céleste. Une
sphère armillaire repose à ses pieds.

~~~~~~~~

20

EUTERPE

—

H., 3ᵐ,10.L., 1ᵐ,50.

La muse de la Musique, appuyée sur la double flûte, semble écouter une harmonie lointaine.

~~~~~~

21

THALIE

—

H., 3ᵐ,10. L., 1ᵐ,50.

Dans un costume bariolé, où l'artiste a réuni les couleurs d'Arlequin, la muse de la Comédie appuie sa tête moqueuse sur sa main gauche, et tient dans la droite le *pedum*, ce bâton des pasteurs et des personnages comiques.

~~~~~~

22

TERPSICHORE

—

II., 3ᵐ,10. L., 1ᵐ,50.

Les cheveux dénoués et la tunique un peu tombante, la muse de la Danse s'appuie sur la lyre et rattache sa sandale.

~~~~~~~

23

CALLIOPE

—

II., 3ᵐ,10. L., 1ᵐ,50.

C'est la muse de l'Éloquence. Un *scrinium* antique est à ses pieds; elle tient le *style* dans la main droite et, pensant aux désastres de la patrie, elle froisse de la main gauche un papyrus où l'on peut lire ce vers consolant de Virgile :

O passi graviora, Deus dabit his quoque finem.

Nos malheurs auront une fin, grâce aux Dieux : nous en avons traversé bien d'autres !

LES MÉDAILLONS

24

PERSE

—

H., 2ᵐ,20. L , 1ᵐ,60.

Cymbales, symphonia, pandura.

~~~~~~~

25

ROME

—

H., 2ᵐ,20. L., 1ᵐ,60.

Cornu, tuba, concha du Latium.

~~~~~~~

26

GRÈCE

—

H., 2ᵐ,20. L., 1ᵐ,60.

Lyre, tympanon, syrinx, double flûte.

~~~~~~~

27

EGYPTE

—

H., 2^m,20. L., 1^m,60.

Psaltérion, sistre, tintinnabulum.

~~~~~~~

28

BARBARES

—

H., 2^m,20. L., 1^m,60.

Trompette, triangle, tarabouka.

~~~~~~~

29

GRANDE-BRETAGNE

—

H., 2^m,20. L., 1^m,60.

Cornemuse, harpe d'Érin.

~~~~~~~

30

GERMANIE

—

H., 2^m,20. L., 1^m,60

Orgue, théorbe.

~~~~~~~~~

31

ITALIE

—

H., 2^m,20. L., 1^m,60

Tamburello, violon.

~~~~~~~~~

32

FRANCE

—

H., 2^m,20. L., 1^m,60.

Fifre, tambour, clairon.

~~~~~~~~~

3...

33

ESPAGNE

—

H., 2^m,20. L., 1^m,60.

Castagnettes, mandoline, tambour de basque.

PARIS.Typ.JULES-JUTEAU et FILS, Passage du Caire.29 & 31

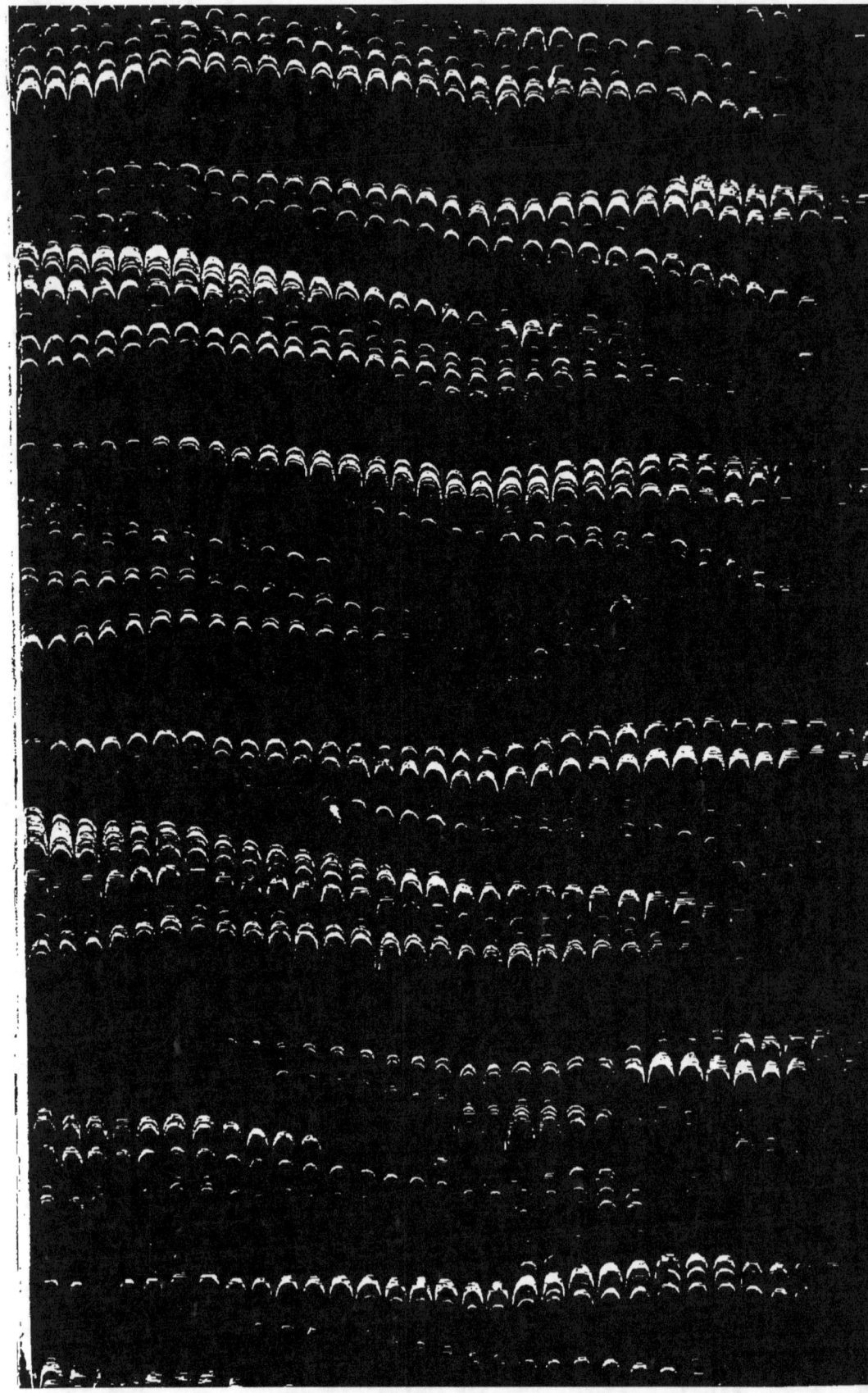

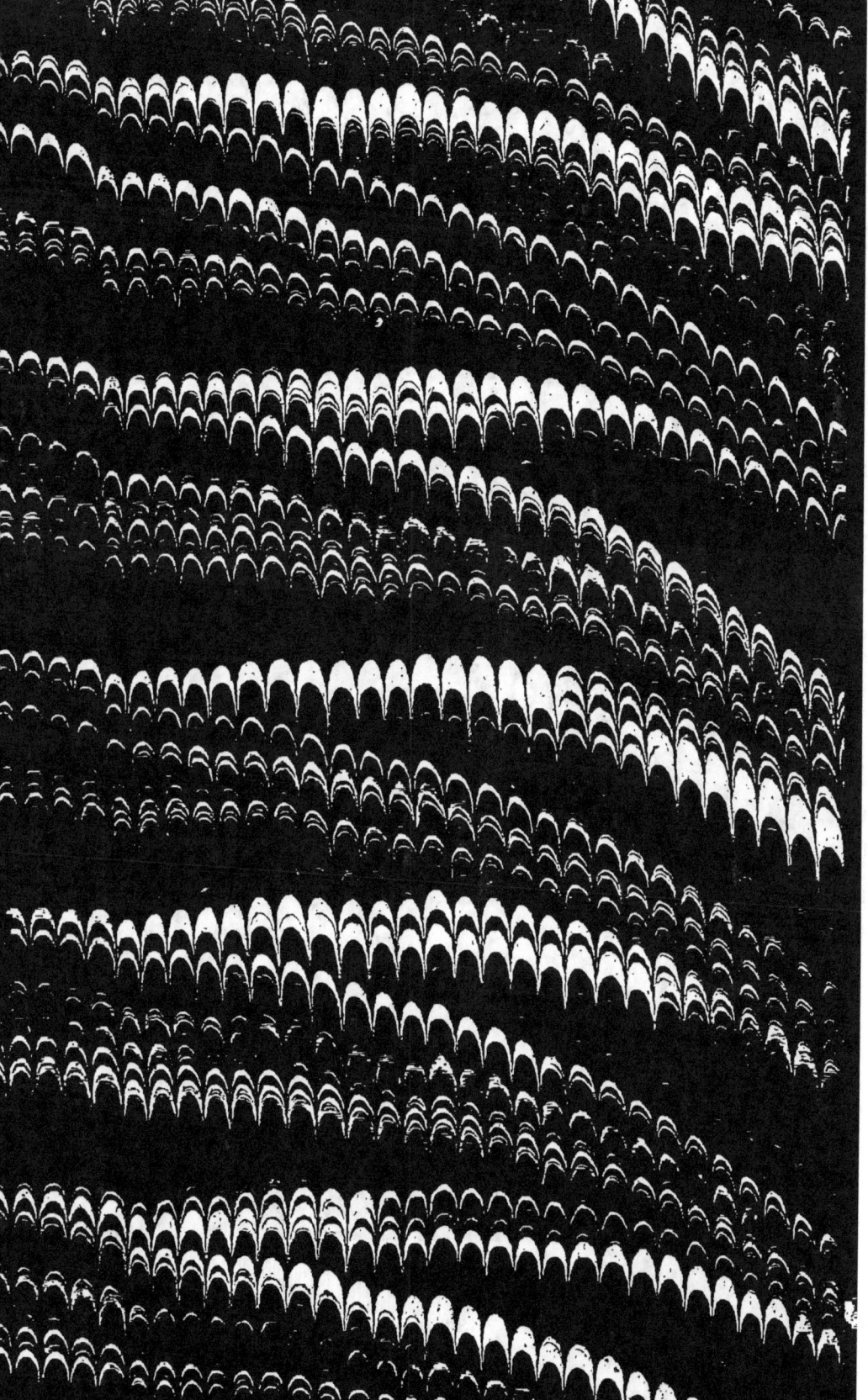

www.ingramcontent.com/pod-product-compliance
Lightning Source LLC
Chambersburg PA
CBHW071419220526
45469CB00004B/1336